AV TRES-CHRESTIEN ROY
DE FRANCE ET DE NAVARRE HENRY IIII.

SIRE,

Quand premier ie me mis à escrire l'Histoire de nostre temps, ie me doutoy' bien que mon œuure ne manqueroit aussi tost d'estre reprins & abbayé de prou d'endroits. Vne chose me consoloit, que i'y auois esté porté non par ambition ny vanité ; mais seulement par vne bonne conscience : & me promettois que les aigreurs du passé venans par le temps à s'adoucir, l'amour de la verité gagneroit en fin le dessus, mesmement sous le regne de V.M. qui ayant par vne faueur singuliere de Dieu dompté tous ces monstres de rebellion & esteint le feu de nos partialitez, auez heureusement rendu la paix à la France, & à ceste paix adiousté deux choses que l'on iu-

A ij

geoit incõpatibles: la Liberté & la Royau-
té. Ioint que ie mis la main à ceſte beſongne
en vn temps auquel auec regret nous re-
marquions les cauſes de la guerre ciuile lo-
gees dans les ames ambitieuſes des vns &
des autres, & le deſir de la paix comme ban-
ny dũ general de l'Eſtat; & qu'à ceſte occaſion il m'eſtoit loiſible de parler & d'eſcrire
auec tant plus de franchiſe, & ſans meſdi-
ſance toutesfois. Mais l'ouurage venant à
croiſtre, lequel i'auois commencé parmi
les armes & les armees, & parmi l'incommodité des ſieges, continué depuis en voſtre Cour, & maintenant parmi les impor-
tunitez du Palais, parmi mes voyages &
autres affaires amené iuſqu'à voſtre regne,
autres penſers me ſont venus en l'eſprit
que ie n'auois eu au commencement, par la
diuerſité & importance des affaires que i'y
traitte, & auſquelles mon eſprit cherchant
lors quelque relaſche de nos calamitez publiques, ſe bandõit & arreſtoit entierement:
de ſorte que ie commençay à craindre que
les choſes que i'auois eſcrites pendant le
bruit des armes & leſquelles pouuoient
lors ou plaire ou s'excuſer, ſeroient par la
paix moins agreables, & pourroient meſ-

PREFACE DE

MONSIEVR LE PRESI-
DENT DE THOV, SVR LA
premiere partie de son
Histoire.

Mise en François par le Sr.
de V. H.

A PARIS,
Chez PIERRE LE BRET, demeurant
rue S. Iean de Latran, à l'Enseigne de
la grosse Escritoire.
1604.
AVEC PRIVILEGE DV ROY.

mes en offencer aucuns ; l'homme estant
porté plustost à faire mal qu'à vouloir ouïr
ce qui est mal fait. Car estant ceste-cy la premiere loy de l'Histoire, de ne rien dire qui
soit faux, & ne rien celer qui soit vray ie me
suis diligemment estudié de tirer la verité
souuent mesme cachee dans les inimitiez
des parties, & l'ayant découuerte la faire
voir fidelement à la posterité, à fin qu'à l'a-
uenir il ne me fust reproché que par vne
prudence recherchee & hors de saison i'eusse preuariqué en vne si iuste cause, & empesché le rare bon-heur de vostre regne, auquel il est loisible à vn chacun & de penser
ce qu'il veut & de dire librement ce qu'il
aura pensé. Pour moy, ie m'asseure que ceux
qui cognoissent mon humeur, me iugeront
tousiours fort esloigné de toute dissimula-
tion. Aussi ma vie n'a point esté Dieu mercy
si cachee, qu'és actions publiques ie n'aye
suffisamment faict cognoistre mesmes aux
moins equitables & plus fascheux ma franchise & ma candeur. Certes depuis que V.
M. nous a tous remis en sa bonne grace, i'ay
tellement oublié les offences particulieres,
si aucunes y en a eu, & en ay tellement perdu tout ressentiment soit en public ou en

mon particulier, que personne ne me peut
à bon droit reprocher qu'en ce qui regarde
le passé ie ne me sois porté auec toute douceur & modestie. I'en appelle à tesmoin
ceux mesmes que souuent ie suis contraint
de nommer en ceste Histoire, ausquels au
fait de la charge dont il-vous a pleu m'ho-
norer, ie pense auoir assez rendu de preuue
de mon integrité quand ils ont eu affaire à
moy. I'ay donc fait en cet œuure comme
les bons Iuges, lors qu'il est question du
bien & de la vie d'vn homme ; ayant enquis
ma propre conscience si elle estoit point
touchee de passion & du souuenir de quelque offence passee qui m'emportast hors du
droit chemin de la raison & de la iustice.
Au contraire i'ay tant qu'il m'a esté possible
par mes paroles adoucy l'aigreur des choses, sans precipiter mon iugement, ou m'é-
garer dans la médisance. Finalement i'ay
suiuy vne façon d'escrire nuë & simple, à fin
que mesme par mon stile, qui est sans fard &
sans artifice, ie parusse vuide de haine & de
flaterie. Qui me fait requerir & nos François & les estrangers qui verront mon escrit, qu'ils n'y apportent aussi de leur part
aucun preiugé pour le condemner auant

que l'auoir leu. Certes i'auoüe que l'œuure
surpasse de beaucoup la capacité de l'ou-
urier; & qu'il y manque prou de choses qui
le pourroient embellir:mais l'vtilité du public l'a emporté par dessus toutes autres
considerations, & vn zele de rendre seruice
à ma patrie & à la posterité; pour le bien de
laquelle i'ay mieux aimé estre accusé de temerité que d'ingratitude. Aussi ne suis-je
pas tant en peine que l'on reuoque en doute ma fidelité:(I'ay Dieu mercy la conscience nette de ceste part-là) ou mon industrie,
puis que vostre bonté, S i r e, & la candeur
de ceux qui liront mon escrit ; excuseront
assez ce qui y peut estre imparfait:comme ie
crain que ce qui fait la plus grand' part de
ceste Histoire ne soit ennuyeux & impor-
tun à la plus part de ceux qui se cuidans e-
stre hors de peril sont ou trop peu compa-
tibles aux calamitez d'autruy ou bien trop
nonchalans.Car entre les vices & malheurs
dont ce siecle ennemy de toute vertu est si
fertile , la diuision en la religion en a esté
comme le comble; attendu que depuis tan-
tost cent ans ce mal a trauaillé la Chrestienté de guerres continuelles, & la trauaillera
encores, si ceux qui y ont le principal inte-

A iiij

reſt n'y apportent le remede, voire tout autre que celuy que l'on y a employé iuſqu'i-
cy. L'experience nous a fait aſſez voir que le
fer, le feu, l'exil & les proſcriptions ont pluſtoſt irrité que guary ce mal qui eſt en l'ame:
& que pour y pouruoir il n'eſt deſormais
beſoin des remedes qui ne touchent que le
corps ; mais bien de bonne doctrine & dili-
gente inſtruction, laquelle peu à peu ſe cou-
le dans l'eſprit : eſtant vray que toutes autres choſes ſont à la diſpoſition entiere du
Magiſtrat politique & du Prince ſouuerain;
la Religion ſeule ne reçoit point de commandement, ains par vne opinion de la verité aidee de la grace de Dieu elle s'imprime
peu à peu és ames deſia diſpoſees au bien.
Les peines, les tourmens n'y font rien ; en-
durciſſent au contraire les cœurs pluſtoſt
qu'ils ne les fléchiſſent ou perſuadent. Et ce
que les Stoïques ont ſi brauement vanté de
leur belle Philoſophie ; nous le pouuons à
plus iuſte titre dire de noſtre religion : le mal
& la douleur n'y peuuent rien : meſmes tout
ce qu'il y a d'incommodité s'oublie & ſe
perd dans la genereuſe reſolution que ceſte
opinion ainſi receüe a fait naiſtre en quel-
qu'vn. Rien ne luy vient à regret de ce qu'il

faut endurer : & de tout ce qui peut arriuer
à l'homme il ne se plaint aucunement si le
mesme luy arriue. cognoist ses forces ; & se
faisant fort de l'assistance de Dieu, ne trouue point ce faix insupportable. Que le
bourreau soit là, qu'il approche la flamme,
qu'il employe le couteau : le voila plus resolu que iamais , & ne pensera plus à ce qu'il
doit souffrir , mais bien à ce qu'il doit faire.
La felicité luy est desia comme domestique ;
& ce qui luy arriue par le dehors luy est de
peu d'importance , & ne luy effleure quasi
pas la peau. Que si Epicure , iugé neantmoins par les autres pour le plus esloigné
de la droite Philosophie , a bien sçeu dire
que l'homme sage se sentant rostir dans le
taureau de Phalaris , s'escriera : O qu'il est
doux, tant s'en faut que ie sente aucun mal.
Si cela est , di-je , pensons nous que ceux
qu'on a fait mourir par tant de supplices
depuis cent ans en çà, ou que l'on voudroit
faire mourir encore cy apres ayent eu ou
auront moins de resolution ? Sans aller loin,
il est à propos de representer icy ce que l'vn
d'eux fit & dit lors qu'on l'attachoit au po-
teau pour estre brulé vif : car là estant à ge-
noux il se mit à chanter vn Pseaume , sans

que la flamme & la fumee l'en peussent em-
pescher:& comme le bourreau attisast le feu
par derriere pour n'estre veu de luy:Appro-
che, dit-il, & m'allume ce feu deuant mes
yeux:si i'en eusse eu peur , ie ne fusse à ceste
heure icy ; il estoit en moy de n'y venir.
Doncques la rigueur de laquelle on s'est
seruy pour arrester le cours des nouueautez
qui se font introduites en la religion ; a plustost fortifié les courages pour endurer , &
accreu les volontez pour entreprendre dauantage. Car estans ces gens naiz des cen-
dres les vns des autres , & se trouuans en
nombre suffisant , leur patience à la fin se
conuertit en fureur : tellement que de supplians qu'ils estoient au commencement,
ils deuindrent demandeurs importuns ; &
au lieu de fuïr les supplices comme deuant,
ils se ietterent aux champs & à la guerre.
Nous en auons eu la preuue en France depuis quarante ans , & en Flandres depuis vn
peu moins : & en sommes venus là , qu'au
lieu que par le chastiment d'vn ou de deux
au commencement le mal se pouuoit possible arrester : maintenant qu'il a gagné des
peuples & des prouinces entieres , voire la
plus grand' partie de l'Europe , le glaiue du

Magiftrat n'y fert plus de rien, mais bien le
trenchant de la parolé de Dieu;à fin que ces
gens ne pouuans auffi bien eftre forcez &
contraints, ils foient pluftoft inftruits &
enfeignez, & par la douceur & la raifon
conuiez à des conferences amiables. Ainfi
en a vfé S.Auguftin efcriuant à Proculian le
Donatifte ; & priant mefme le Proconful
d'Afrique Donatus de ne les faire mourir:
d'autant,difoit-il, qu'il eft plus conuenable
à ceux qui font profeffion de la vraye religion de vouloir toufiours vaincre le mal
par le bien:& comme il efcrit ailleurs à Ce-
cilian autre gouuerneur de prouince, que
cefte apoftume de facrilege vanité fe guarif-
fe pluftoft par la peur que par la peine. Et
luy-mefmes en cefte belle & grande epiftre
à Boniface adioufte, qu'és affaires efquelles
par les diuifions & partialitez il n'y a pas du
peril feulement pour vne ou deux perfon-
nes,ains y va de la ruine des peuples entiers;il fe faut aucunement departir de la fe-
uerité : attendu qu'à la guarifon de ces
grands maux le remede le plus propre eft la
charité.Ce qui a jadis efté tellement creu &
receu en l'Eglife, que ces mefmes paroles
ont efté tranfcrites vne & deux fois dans le

decret de Gratian. Et à la verité ce bon personnage iugeoit tres-bien, que telles maladies ne deuoient pas estre traittees rudement & imperieusement : que l'on y profitoit dauantage par admonnestemens que par menaces: qu'ainsi en falloit-il vser à l'endroit d'vne grande multitude de déuoyez; & que la rigueur n'estoit à propos sinon d'auenture contre le petit nombre. Que si les Pasteurs employent quelquesfois les menaces, encores cela se doit-il faire à regret; & la crainte des chastimens doit estre donnée en l'authorité de l'Escriture sainte, à fin que Dieu en leur predication soit redouté, & non pas eux en leur puissance : ainsi qu'en parle ledit saint Pere en son epistre à l'Euesque Aurelius. Et certainement si nous aimons la verité, il nous faut auoüer qu'en tous les anciens regiftres de la sacree Antiquité il ne se lit exemple aucun approuué de punition corporelle contre les heretiques, ou que l'Eglise ancienne ait iamais trouué bon d'épandre le sang. Que si cela est aduenu quelquesfois, certes les bons Euesques en ont fait bruit, comme il parut en Priscillian, lequel pour auoir esté autheur d'vne doctrine fort damnable, & ietté la semence de ses impietez parmi les Eglises de France & de la Guyenne, fut puny de mort en la ville de Treues auec ceux de sa secte, l'an de nostre Seigneur CCCLXXXIII; & ce par le commandement de Maximus, d'ailleurs assez bon Prince, lequel apres auoir fait mourir Gratian auoit vsurpé sur luy l'Empire : ores que S. Martin eust tiré promesse de l'Empereur qu'il n'vseroit point de cruauté contr'eux, & eust d'abondant requis & exhorté l'Euesque Itacius & ses compagnons de se deporter de ceste accusation. Aussi les autres Euesques d'alors trouuerent mauuais & iniuste ce qui en auoit esté fait par Itacius, lequel quoy que pour s'esloigner de l'enuie & du reproche de ceste iniustice se fust absenté, neant-moins fut depuis condamné par Theogni-ste ; & eut-on de la peine à repatrier le bon S. Martin auec ceux du party d'Itacius, auec lesquels il ne se remit que le plus tard qu'il peut. Et S. Ambroise en sa Relation témoigne luy-mesme, que lors qu'il fut enuoyé à Maximus par l'Empereur Valentinian encore ieune enfant, & frere de Gratian qui venoit d'estre tué, que passant par Treues il s'abstint de communiquer auec les Euesques qui participoient à la secte & doctrine d'Itacius, & qui solicitoient à faire mourir les déuoyez de la foy. Mais quand Maximus par l'auis de ces Euesques sanguinaires eust resolu d'enuoyer en Espagne quelques Capitaines auec commission & plein pouuoir de rechercher les heretiques, & leur oster les biens & la vie : le mesme S. Martin obtint de sa Majesté, que ce commandement fust reuoqué. Car cet homme de bien estoit en soucy non seulement pour les heretiques, mais aussi pour les bons Chrestiens que l'on alloit trauailler sous ceste couleur & occasion : preuoyant en son esprit que si cet orage n'estoit diuerty il enueloperoit vn grand nombre de gens de bien, lesquels le plus souuent n'estoient alors distinguez que de l'œil d'auec les heretiques, soit par la robe ou par la mine du visage plustost que par la creance. Or ayant Priscillian esté mis à mort, non seulement le cours de son heresie ne fut empesché, ains print plus grand accroissement que iamais, ses disciples & sectateurs adorans pour Martyr celuy que viuant ils auoyent honoré comme vn saint homme; & ayans reporté en Espagne les corps de ceux qui auoient

esté executez, ils les honorerent d'vn con-
uoy & sepulture solennelle. Mesmes la su-
perstition de ces gens passa si auant, qu'ils
ne iuroient de là en auant que par le nom
de Priscillian, dont sourdit entre les Euesques de l'Eglise Gallicane vne diuision &
discorde si grande, qu'à toute peine en peut
on voir la fin au bout de quinze ans, au de-
triment du peuple de Dieu & des plus gens
de bien qui cependant estoient exposez à
la risee & au mespris. Lesquelles paroles
toutes les fois que ie lis dans Seuere Sulpi-
ce, qui a escrit auec beaucoup de preud'hó-
mie & beauté de langage l'histoire de ce
temps-là : autant de fois me representé-je
l'estat & condition du temps de ma premiere ieunesse, lors que les troubles estans sur-
uenus en France pour le fait de la religion
on faisoit mourir les gens, sur la mine ou le
manteau desquels on auoit ietté l'œil, quoy
que d'ailleurs ils fussent de bonne vie &
sans reproche : & lors que parmi la chaleur
des disputes, la haine, la faueur, la crainte,
l'inconstance, le sommeil, la paresse & l'or-
gueil de ceux qui auoient le maniement
des affaires, le Royaume estoit deschiré en
factions & l'Estat en trouble, la Religion

mefme eftoit-au hazard de fe perdre. Or dé-
puis ce temps de S. Martin on commença à
proceder plus doucement auec les déuoyez, & fe contentoit-on ou d'vn banniſ-
fement ou d'vne amende pecuniaire : touſ-
jours éſpargnoit-on le fang. Meſmes en l'an
de ſalut, M L X. comme aucuns de la ſecte de
Berengaire Archidiacre d'Angers alloyent
femans fa doctrine parmi ceux du Liege, de
Brabant , & autres prouinces du païs bas,
Bruno Archeueſque de Treues ſe contenta
de les chaſſer de ſon diocéſe , ſans bagner
ſes mains en leur ſang; & ne furent point de
là en auant plus mal traittez de l'Egliſe, iuſqu'au temps des Vaudois , contre leſquels
comme on vid que les rigueurs & ſupplices
ne profitoient de rien , que le mal s'aigriſ-
ſoit par le remede qu'on y auoit appliqué
hors de ſaiſon , & le nombre en croiſſoit de
iour à autre ; en fin on y enuoya des armees
entieres : tellement que la guerre qu'on leur
declara ſe trouua auſſi penible & hazardeu-
ſe que celle qu'on auoit autresfois faite contre les Sarraſins. Neantmoins l'iſſüe en fut
telle qu'ils ſe trouuerent pluſtoſt bannis,
maſſacrez ; dépouillez de leurs biens & dignitez, & eſpars par cy par là , que conuain-
cuſ

rus de leurs erreurs & r'amenez au bon
chemin:si que ceux qui s'estoient à ce commencement garentis par les armes, se voyās
surmontez se sauuerent en Prouence &
dans les Alpes voisines ou sujettes à la Frā-
ce, & y trouuerent retraitte à leur vie & à
leur doctrine tout ensemble. Les autres se
retirerent au Duché de Calabre, & y dure-
rent longuement, voire iusqu'au temps du
Pape Pie I I I I. Les autres passerent en Allemagne & de là en Boheme, Pologne &
Liuonie. Aucuns mesmes ayans passé la
mer se mirent à couuert en Angleterre.
Car on tient que Iean Vviclef est issu de ces
gens-là, lequel ayant long temps enseigné
la ieunesse à Oxford mourut en fin de
mort naturelle : & de fait le Magistrat n'en
print chastiment qu'apres son décés, faisant
bruler ses os publiquement & bien long
temps apres. Cestui-cy a esté suiuy de quelques autres de tems en tems iusqu'à nostre age,auquel apres auoir en vain essayé la
rigueur des supplices, l'on est finalement
venu des disputes & debats à la guerre ouuerte & aux reuöltes entieres des peuples &
prouinces en Allemagne,en Angleterre, &
en France:en quoy il est mal-aisé de iuger si

.B

çà esté auec plus de dommage de la paix &
tranquillité de l'Estat ou de la religion mefme: le schisme s'estant formé peu à peu, &
trop long temps negligé par ceux qui pouuoient & deuoient y mettre la main. Ce
que ie dy non point pour remettre sur le
bureau la question si souuent rebatüe, sça-
uoir si les heretiques doiuent estre punis de
mort ou non : aussi bien n'est-elle à propos
ni pour le temps present ni pour mon estat
& ma condition: mais pour faire voir que
les Princes lesquels ont mieux aimé chan-
ger la guerre commencee pour la religion à
des conditions de paix desauantageuses,
que l'acheuer par la force des armes, ont fait
fort prudemment & selon la coustume de
l'Eglise ancienne. Tel fut l'auis de l'Empereur Ferdinand Prince tres-aduisé, lequel
par l'experience des longues & fascheuses
guerres d'Allemagne qu'il auoit la plus
part conduites sous le nom & authorité de
Charles le Quint son frere, apres qu'il eust
reconneu que les armes contre les Protestans n'auoient pas bien reüssi, si tost qu'il
fut entré au gouuernement de l'Empire, il
fit vn Edit solennel de pacification pour le
fait de la religion, lequel il renouuela &

onfirma depuis par plusieurs fois. Et com-
ne il vid que son dessein luy succedoit
nieux par colloques & conferences amia-
les au fait de la religion, dont il auoit desia
ait preuue auparauant sous le regne de son
rere par les assemblees qui furent faites à
Ratisbone & à Vvormes peu de temps a-
uant sa mort & aprés le Concile de Trente
ny, desirant de donner contentement aux
Protestans (qui n'auoient osé s'y trouuer) de
auis de Maximilian son fils, Prince des
lus sages de son tems, entreprint vn nou-
ieau pourparler auec eux, & y appella
George Cassander homme docte & mode-
é, afin de repasser à l'amiable auec les
Theologiens du parti contraire sur tous les
hefs en controuerse de la Confession
l'Augsbourg. Mais la maladie de ce bon
personnage, & la mort precipitee de tous
es deux empescha le fruit que l'on s'en pro-
mettoit pour l'Allemagne. Depuis à l'e-
xemple des Allemans les Seigneurs de Po-
ogne se resolurent à vne semblable pacification pour leur Estat. Et Philibert Ema-
nuel dernier Duc de Sauoye apres que par
a paix faite auec nous il se trouua remis en
a possession de ses terres & païs perdus, &

que ou pour s'acquerir de la reputation en
Italie, ou pour en gratifier quelques vns à
ſes deſpens, il ſe fuſt embarraſſé mal à propos en vne faſcheuſe guerre contre ſes ſujets des Vallées : de bonne heure & par vn
ſage repentir octroya liberté de religion à
ces pauures gens d'ailleurs innocens, & de
là en auant leur garda fort religieuſement
la paix qu'il leur auoit donnee. Maintenant
ie vien à nos affaires & à découurir vne
playe, laquelle, bien que ie ne face qu'y tou-
cher, ne lairra poſſible de me porter preiudice, mais puis que i'y ſuis embarqué,
pour dire en vn mot, & en parler franche-
ment, ce qui m'eſt loiſible ſous voſtre regne, S I R E : Veritablement la guerre n'eſt
pas vn moyen iuſte & propre pour oſter le
ſchiſme de l'Egliſe. De fait, les Proteſtans de
France, deſquels par la paix le nombre & le
pouuoir s'affoibliſſoit, ſe ſont touſiours ac-
creus parmi les armes & les diuiſions. Et diray plus, que ſoit par zele inconſideré de religion, ou par ambition & deſir de troubler
l'Eſtat, certes les noſtres ont fait vne tres-
lourde faute d'auoir ſi ſouuent renouuelé
la guerre ciuile contre les Proteſtans, tant
de fois, di-je, commencee & tant de fois ap-

paisee au grand malheur de la France & au
tres-grand peril de la religion , qu'eſt-il beſoin de tant de paroles? la choſe parle d'elle
meſme. Car apres les premiers troubles, lors
que pluſieurs villes auoient eſté prinſes , ſi
toſt que la paix fut faite & les meſmes villes
rendües , il ne ſe peut dire quelle bonnace
s'en enſuiuit auſſi toſt , & combien cet eſ-
pace de quatre ans fut agreable à tous les
gens de bien, la religió eſtant par ce moyen
miſe à ſauueté , & force bonnes loix eſta-
blies par ce grand homme de bien , lors
chef de la Iuſtice , deſquelles la France reſ-
ſentira le fruit à iamais. Et ceſte douceur
nous dura iuſqu'à tant que laſſez du repos
public & reiettans tous conſeils pacifiques
noſtre malheur nous reporta plus qu'auparauant dans la guerre , non ſeulement à
nous, mais à ſes auteurs auſſi fatale & fune-
ſte. Ceux qui ſçauent ce qui ſe traitta en ceſte malencontreuſe entreuuë de Bayonne,
ſe doutent bien de qui i'enten parler. Car
depuis ce temps-là toutes choſes ſe tourne-
rent à la guerre & à tout malheur par noſtre communication auec les eſtrangers.
Lors le Duc d'Alüe fut enuoyé au païs bas
auec vne puiſſante armee, lequel ayant oſté

tout pouuoir à Madame Marguerite Du-
cheſſe de Parme, laquélle auoit auec beaucoup de douceur gouuerné ces prouinces
là, remplit tout de feu & de ſang, fit par tout
des citadelles, eſbranla leur liberté par im-
poſitions nouuelles pour les frais de la
guerre, & ainſi affoiblit la liberté de ces ri-
ches & opulentes citez; ni plus ni moins
qu'on emmaigrit les corps les plus forts par
leur oſter le boire & le manger. Et de ces
conſeils violens ſuyuit auſſi toſt le déſeſ-
poir de ces peuples, & peu à peu la reuolte,
laquelle bien qu'appaiſee pour vn tems eſt
finalement reüſcie en ce mauuais effet que
la meilleure & plus riche partie de ces prouinces & la plus propre au commerce & à
la nauigation (moyen principal de leur ri-
cheſſe) ſe trouuant comme arrachee du re-
ſte du corps eſt maintenant gouuernee par
l'authorité des Eſtats, ayant depuis pluſieurs annees aſſez heureuſement continué
la guerre non ſeulement contre l'autre partie deſdites prouinces, mais auſſi contre les
forces & la grandeur d'Eſpagne. Ce que
preuid & redouta long temps auparauant
François Balduin natif d'Arras, Iuriſcon-
ſulte renommé de noſtre temps : & pour

preuenir conseilla & exhorta les Princes &
Seigneurs du païs bas de presenter requeste
au Roy d'Espagne en faueur des Protestans
qui lors estoient persecutez & trauaillez,
tendant à fin de leur obtenir quelque relas-
che des punitions & supplices & de ceste
rigueur d'inquisition : & en auoit mesmes
escrit vn Discours en François, par lequel il
faisoit voir que les differens en la religion se
pouuoient beaucoup mieux terminer entre
les parties sous conditions égales & raison-
nables, que par les armes & la force : en laquelle si l'on continuoit il arriueroit infail-
liblement, que les forces des Protestans en
leur commencement encor' assez foibles &
esparses par cy par là, viendroient finalement à s'vnir par factions, & que des disputes de paroles on en viendroit aux mains &
à la rebellion. I'ay de tant plus volontiers
rapporté icy ceste prediction d'vn Flamand
touchant la Flandre mesme, sur tout à V.
M. d'autant que ce personnage là ayant dés
le commencement embrasé la doctrine
des Protestans, & depuis par la lecture dili-
gente des Peres changé d'auis, auoit neantmoins tousiours gardé tant de moderation
qu'il ne s'estoit laisé emporter à vne haine

irreconciliable , comme font la plus part,
contre ceux d'auec lefquels ils fe departent,
ains par vn rare exemple de charité chre-
ftienne en ce fiecle , eftant luy-mefme ad-
monefté de fon erreur print compaffion de
celuy d'autruy ; faifant tout deuoir que les
fautes faites par vn defir de noueauté &
par temerité fuffent doucement amendees
fur le modele de la plus certaine Antiquité.
Eftant donc auec cefte opinion de retour
d'Allemagne en France , il fit trouuer bon
cé faint & fage aduis au feu Roy voftre pere , au feruice & maifon duquel il tint lieu
fort honorable, eftant quelquesfois appellé
au Confeil , & donné pour precepteur au
frere naturel de V. M . Où font donc ces
vanteries importunes de ceux qui au preiudice du nom & reputation Françoife fe di-
fans zelateurs de la religion voire par fur les
autres fe font vantez de n'auoir iamais con-
fenti à la paix auec les heretiques ? Qu'ils
aduifent maintenant à quoy ils en font de
leurs beaux deffeins ; ou pluftoft qu'ils la-
mentent la ruine de tant de belles & florif-
fantes prouinces & quant & quant la perte
en particulier de leurs biens & richeffes
mal employees. O qu'ils voudroient bien

auoir esté sages à nos dépens, & auoir creu
le conseil qu'ils rejettoient alors si loin & a-
uec tant d'artifice. Et de combien voudroient ils auoir racheté le dommage de
tant d'annees, & les auoir plustost vtile-
ment employees contre l'ennemi commun
du nom Chrestien? Certes ils l'eussent par
leurs armes & auec grande gloire & vtilité
desia chassé & de la Hongrie & de la Barba-
rie. Mais ie crain que l'on ne trouue à dire
en nous ce que nous blâmons en autruy.
Car poussez ou par nostre propre folie ou
par induction de ceux que ie vien de dire
nous auons nous-mesmes donné & au mesme tems sujet & occasion à des troubles
tres-dangereux, pendant lesquels les villes
ont esté pillees, les temples que la folie des
premiers troubles auoit espargnez, démolis
de fond en comble, les prouinces desolees,
les inimitiez resueillees que la paix auoit as-
soupies, les soupçons & défiances accreües,
& les armes posees pour estre reprinses
aussi tost & auec plus de violence. Toutesfois apres tout cecy la paix en fin se con-
clud: mais plus elle fut agreable à vn chacun, aussi en fut la rupture plus fascheuse à
cause de la déloyauté signalee & digne d'vn

eternel oubly fuyuie de ceſte boucherie, dans laquelle vous-meſme, S I R E, faillites à perir : vous , di-je , que Dieu auoit deſtiné pour la reſtauration de ce pauure royaume. Cet eſcueil eſchapé, en voicy tantoſt a-pres d'autres auſſi rudes, & auſquels par vne ſemblable imprudence nous allaſmes heurter & faire naufrage , l'ire de Dieu n'ayant point tardé à venir & vangé ceſte meſchanceté ſur la France par la mort de ce Prince courageux , lequel auoit à la verité failly plus par la faute d'autruy que par la ſienne. Et puis ſon ſucceſſeur reuenu de Pologne & mépriſant les aduis ſalutaires qui luy a-uoient eſté donnez par l'Empereur Maximilian & par les Seigneurs de Veniſe, qu'il auoit veus en ſon chemin , prefera dés ſon aduenement la guerre à la paix , quoy que ces Princes & Seigneurs l'en euſſent diſſuadé , & que meſme ſes ſujets de la religion l'euſſent à iointes mains requis & ſupplié de leur donner la paix. Puis ſe repentant de ce mauuais conſeil, trois ans apres fit l'Edit de pacification, que particulierement il ſouloit appeller ſon Edit , & qui continua ſept ans entiers quaſi ſans interruption , ſi ce n'eſt de quelques courſes legeres en quel-

ques prouinces , mais de peu d'effet & de
moindre duree : iufqu'à tant qu'aucuns en-
nuyez du trop aife & voyans que par la
paix la France fe pouuoit paffer d'eux, r'al-
lumerent du tout hors de faifon le feu d'v-
ne malheureufe guerre , à laquelle ce bon
Prince mal confeillé par ceux qui eftoient
autour de luy , fe laiffa forcer & emporter
par vn aueuglement fatal à fon Eftat, tour-
nant au commencement fes armes contre
vous en apparence,lefquelles ne tarderent à
luy retomber fur la tefte. Certes les che-
ueux me dreffent quand ie me reprefente
en fuite le deteftable affaffinat commis en
fa perfonne , & qui femble ioint non feulement à vne honte eternelle du nom François , mais auffi à l'infamie en particulier de
ceux qui s'en font refiouis . Acte malheu-
reux , & qui fans doute euft porté cet Eftat
& auec l'Eftat la religion à vne ruïne infail-
lible , fi Dieu qui outre noftre efperance
veilloit pour noftre conferuation n'euft par
vne faueur finguliere referué V. M. comme
vn pilier affuré pour fouftenir cet Eftat efbranlé & proche de fa cheute ; & par voftre
vertu & courage arrefter la violence precipitee de cefte roüe de calamité publique

qui alloit brifant & fracaffant tout ce qui
s'y rencontroit:ayant cependant donné par
vous-mefmes vn exemple fort fignalé que
toutes autres chofes à la verité font joug
aux loix & ordonnances des hommes,mais
que la feule Religion ne reçoit, comme i'ay
tantoft dit , ni contrainte ni commande-
ment.Car ayant efté V. M. dés fes ieunes
ans trauaillee de tant d'auerfitez , enuiron-
nee en mefme tems de tant d'armees , receu & donné tant de pertes : (Veincre & e-
ftre veincu eftoit lors auffi pitoyable l'vn
que l'autre) refolu neantmoins en voftre
premier deffein , comme celuy qui combat
fans bouger , auffi peu efbranlé de l'efpoir
que de la peur : en fin reconnoiffant que
tout alloit fondre deuant vous , auez de
vous-mefmes donné lieu aux vœus & fup-
plications de vos fujets, & au milieu de vos
victoires vous eftant laifsé veincre,eftes par
la grace de Dieu remis & reuenu à la religion de vos anceftres ; gardant toufiours
par vne grande douceur & debonnaireté, à
vos fujets la mefme equité de laquelle vous
auiez auparauant fenti le fruit pour vous-
mefmes , par la reuocation des Edits jadis
publiez contre vous & contre tous ceux de

la religion, mais publiez contre la volonté
de voſtre predeceſſeur:& apres auoir aſſuré
toutes choſes par vne bonne paix non ſeulement auec vos ſujets, mais auſſi auec les
Princes voiſins,enquoy vous vous eſtes acquis vne tres-grande gloire ; auez par vn
troiſiéme Edit de pacification en faueur de
ceux de la religion ratifié les deux prece-
dens, & en ce faiſant les auez rétablis en
leurs biens & patrie, en leur honneur & re-
nommee;aucuns meſme des principaux accreu en eſtats & dignitez.Car vous faiſiez e-
ſtat,que les inimitiez peu à peu venans à s'a-
tiedir, la concorde s'affermiroit mieux par
vos Edits, & feroit mieux voir & auec plus
de lumiere & de certitude, apres que ces
nuages de paſſion feroient eſcartez, ce qui
eſt en la religion de meilleur, c'eſt à dire de
plus ancien. C'eſt le chemin que tenoient
ordinairement ces bons Peres auec ceux
qui imbus de quelque fauſſe opinion ou ai-
gris par quelque inimitié s'eſtoient déuoiez
ou de la regle ou de la communion de l'E-
gliſe;pour teſmoigner qu'ils y eſtoient por-
tez pluſtoſt par charité que par deſir de
veincre & par oſtentation. Auſſi S. Augu-
ſtin appelle les Pelagiens ſes freres,& Opta-

tus Mileuitain qui viuoit du mesme tems
en vse ainsi à l'endroit des Donatistes. S. Cy-
prian aussi donne auis & fait souhait, que
s'il est possible aucun des freres ne perisse, &
plustost que la mere toute aise enferme en
son sein le corps entier du peuple Chrestien
en bon accord. Car il s'en trouue plusieurs
de ceux qui sont en different auec nous, lesquels, (affin que i'vse des mesmes mots de
S. Augustin) ont bien vne volonté secrete
de reuenir la tempeste estant cessee : mais si
par la continuation d'icelle ils en sont em-
peschez , ou craignent que par leur retour
l'orage reuienne ou s'accroisse , ils gardent
tousiours la volonté d'aider & secourir par
bons auis les plus foibles , & neantmoins
sans se separer par conuenticules defendent
iusqu'à la mort & aduancent par leur tes-
moignage la foy qu'ils sauent estre preschee
en l'Eglise Catholique , souffrans patiem-
ment les iniures & indignitez qui leur sont
faites de part & d'autre pour la paix de l'E-
glise , & monstrans par leur exemple de
quelle affection , charité & sincerité il faut
seruir à Dieu. Estant donc apprins par mon
experience & fortifié par l'exemple de V.
M. ie croyois estre de mon deuoir de con-

tribuer à la paix de l'Eglise : & ainſi me ſuis
abſtenu de toute médiſance, nommant a-
uec honneur les Proteſtans, meſmement
ceux qui ont eu reputation aux lettres , &
n'ay point caché les defauts des noſtres : e-
ſtant d'accord auec les gens de bien que
ceux ſe trompent grandement qui croyent
que les hereſies prennent force & vigueur
plus par la malice & fineſſe des perſonnes
qui en font profeſſion, que par nos propres
vices & meſchancetez. Le remede meilleur
ſelon mon auis à ce mal , c'eſt aſſauoir & à
l'erreur de nos contraires & aux fautes &
imperfections des noſtres, ſera ſi oſtant le
traffic & de l'Eglise & de la Republique,
l'honneur eſt rendu à la vertu, & les hommes excellens en pieté, ſauoir & grauité de
meurs & qui auront deſia rendu quelque
preuue de leur prudence & moderation
ſont appellez aux charges & dignitez de
l'Eglise : ſi les perſonnes non incomnues
mais ja reconnues pour leur preud'hom-
mie , craignans Dieu & haïſſans l'auarice,
ſont eſleuez aux honneurs, charges & offices de l'Eſtat, non par faueur ou argent ains
par la recommandation de leur ſeule vertu. Autrement là ou indifferemment bons

& mauuais y font receuz , il n'eft vray-fem-
blable que la paix y doiue long temps du-
rer : & faut que les citez & Eftats periffent
efquelles les Gouuerneurs ne fauent diftin-
guer les gens de bien d'auec les mefchans; &
laiffent prendre , comme on dit en commun prouerbe , par les freflons ce qui eft
pour les abeilles. Au refte rien n'eft fi contraire à la fidelité, laquelle tous vos officiers
& magiftrats doiuent à Dieu premierement
& puis à V. M. & aux peuples de voftre o-
beiffance , que l'efperance d'vn fale gain.
Car fi par là nous commençons à exercer
nos charges & offices , il eft à craindre que
nous n'y bandions nos fens & nos deffeins,
& y vifions comme à l'eftoile de noftre po-
le, & que finalement aueuglez d'auarice &
fans foucy de ce qui eft & iufte & honnefte,
nous fauffions la foy que nous auons donnée à Dieu & à V.M. L'auarice eft vne befte
fauuage, cruelle, infupportable, & qui n'a iamais affez. Si aux grandes richeffes de la
France vous ioignez les montagnes d'or de
Perfe & les trefors des Indes & orientales &
occidentales , tout cela ne fuffira pas pour
affouuir fa faim infatiable . Les vices n'ont
ni fond ni riue, ni fin ni mefure, iamais n'ar-
reftent

reſtent en vn lieu, ne ceſſent de courir à leur
precipice, & l'iſſue en eſt touſiours tragique
& malheureuſe. Au contraire, la vertu par le
dire de Simonides, reſiſte comme vn cube à
tous remuemens de fortune & viciſſitude
des choſes de ce monde, & ſeruant à la nature qui diuerſifie les affaires & accidens
des hommes, retient neantmoins vne ame
libre & incorruptible, touſiours contente
en elle meſme, toute capable de ſoy-meſme.
Rendez donc à la vertu qui fait les hommes
tels l'honneur & l'eſtime qu'on luy donne,
& lors vous aurez abondamment dequoy
recompenſer les gens de merite ſans tou-
cher à voſtre eſpargne, & meſmes auec le
ſoulagement de voſtre peuple. Et pour le
regard de l'Egliſe, s'il n'eſt en voſtre pouuoir
que pareil bien y arriue, ſi eſt-ce vn ſoin digne de V. M. de prier, requerir, inſiſter voire
apporter voſtre autorité à l'endroit de ceux
deſquels la charge eſt d'auiſer que cela ne
ſoit negligé. Empoignez donc, Sire, l'occaſion de cette nouuelle gloire, & tenez pour
choſe aſſuree que ce repos duquel nous
iouïſſons tous ſi heureuſement auiourdhuy
auec V. M. ne peut eſtre de longue duree, ſi
nous ne l'employons à bon eſcient à l'auan-

cement de la gloire de Dieu & à pacifier les
differens en la religion. Ce n'est pas affaire
de petite importance, dira-on, que ie con-
seille à V. M. & laquelle ne se doit surtout
en ce tems entreprendre legerement, au iugement de ceux qui aiment tant le present
qu'ils rejettent les bons & salutaires auis
pour l'auenir : mais à grand trauail grand
loyer : & le grãd esprit que Dieu a mis en V.
M. ne fait conte de petites entreprises. Et à
la verité, SIRE, apres auoir osté le moyen de
desrober vos finances & retranché autant
qu'il vous a esté possible les excés & super-
fluitez, borné en outre la dépence d'vn chacun à son mesnage & reuenu : dequoy la
France vous a & aura vne infinie obliga-
tion: vous ne pouuez faire chose plus digne
de vostre grandeur & du lieu que vous tenez, que de regler & reformer les droits &
loix diuines & humaines confuses & per-
uerties par le desordre des guerres ciuiles
de tant d'annees & en tirerez ce bien & cette vtilité, que l'ire de Dieu contre nous e-
stant appaisee, les Euesques & les Magistrats
s'estans remis à bien faire la charge qui leur
est commise : la verité preuaudra contre le
mensonge, la candeur & vraie charité con-

tre le fard & l'hipocrisie , les bonnes loix
contre l'auarice & le luxe : deux vices contraires , ie l'auoüe , mais la malice du siecle
les a meslez ensemble : les bonnes meurs seront cheries : la modestie & la honte de mal
faire qui ont serui iusqu'icy de risee , seront
remises en reputation ; & finalement la vertu ayant recouuré son prix & son honneur,
le prix honneur & autorité de l'argent sera
d'autant reuolté & aneanti. C'est vostre souhait , SIRE : car i'ay souuent ouy de vostre
bouche , que vous estiez content de perdre
vn bras pour racheter la paix & le bon-
heur de vos sujets: c'est pareillement le souhait & le vœu de vostre peuple: c'est aussi ce
que i'estime vtile & conuenable à vostre E-
stat. En quoy si ie me suis estendu auec beaucoup de franchise , vous pardonnerez s'il
vous plaist cette faute à vn homme de bien
& nourri en la liberté de sa patrie, de laquelle nous deuons le rétablissement à V. M. si
pour respondre aux calomnies & détour-
ner les traits de l'enuie dés l'entree de cet
œuure i'ay esté contraint d'vser de cette
Preface & vous ennüyer d'vn si long discours. Or comme ie cuidois que cecy suffi-
roit, soit pour excuser ou pour iustifier

mon deſſein: ie ſuis neantmoins aduerti par
mes amis qu'il s'en trouuera qui diront que
ie me fuſſe bien paſsé de rapporter ſi exacte-
ment en cette Hiſtoire les particularitez de
ce qui touche les libertez, franchiſes, immunitez, loix & droits de cette Couronne; &
que ce que i'en ay fait n'eſt pas tant à l'auen-
tage du Roy & de l'Eſtat qu'au preiudice &
deſauentage d'autruy. Auſquels ores que
i'aye dequoy reſpondre; ſi c'eſt toutesfois a-
uec trop de paroles, ie crain que pluſieurs
m'accuſent d'auoir recerché vne occaſion
de luiter auec les ombres, comme on dit : &
ſi ie m'en tay du tout, d'auoir laiſſé ſujet aux
maluueillans de me calomnier. Ie diray donc
en peu de mots ce qui en eſt. I'ay eſté de ſorte nourri & eſleué par feu mon pere, homme ſans reproche, & comme chacun ſçait
tres-affectionné à l'ancienne religion, & pareillement par mon ayeul & par mon biſ-
ayeul comme par vn enſeignement de main
en main, outre mon inclination naturelle
qui me portoit à l'amour de ma patrie; que
me trouuant aux charges & affaires de la
Republique, rien apres Dieu ne m'a eſté en
plus grande recommandation que le bien
de ma patrie, à laquelle i'ay touſiours poſt-

posé toutes affeĉtions & autres amitiez particulieres. Car i'ay tenu & tien encore pour
maxime tres-certaine que la patrie nous est
comme vn second Dieu, ainsi qu'en par-
loient les anciens, & les loix de la patrie
comme de petits dieux, & que quiconque
viole les loix, quoy que sous titre & couleur de pieté, est coupable des crimes de sa-
crilege & de parricide. Si donc il s'en trouue aucuns, & pleust à Dieu qu'il n'y en eust
point, qui sous main & par artifice, ne le
pouuans à force ouuerte, veillent sapper &
renuerser les loix & ces droits sur lesquels
ce royaume estant vne fois fondé s'est finalement accreu & éleué en vne telle grandeur: certes nous sommes indignes du nom
François & d'estre tenus pour bons citoyés,
si mesme pendant vostre regne nous ne
nous opposons courageusement à ce mal.
Aussi est-ce le dire commun de nos ancestres, voire des plus affeĉtionnez & sauans
en la religion, que ces loix sont comme vn
gage du Ciel pour le salut de l'Estat, vn autre Palladium & bouclier tutelaire de la
France: qu'iceluy bien gardé il ne restoit
nul soupçon d'artifices & entreprises de dehors: iceluy perdu, rien ne demeuroit assuré

de cette part-là. Partant si par fetardise &
lafcheté il arriue quelque iour que ce bouclier fe perde, il eft hors de doute que celuy
mefme qui l'aura enleué auffi comme vn
autre Vlyffe fauant, en rufes & ftratagemes
pour fuppofer vn fecond Sinon & à l'exemple du cheual & du feu de Troye faire cou-
ler en France des eftrangers, fera finalement
caufe de la ruine & embrafement de la plus
floriffante partie de l'Europe. Mais Dieu
veille s'il luy plaift deftourner ce defaftre,
lequel auffi nous ne craignons du viuant de
V. M. & tant que Dieu nous conferuera
Monfeigneur le Dauphin. Il feroit à propos
en ce lieu de parler dauentage & de voftre
perfonne & de vos merites, attendu que
nous vous deuons noftre liberté toute en-
ciere, & la iouiffance heureufe de noftre
païs & de nos biens : ce que parauenture
mefmes attendront de moy ceux qui mefu-
reront l'affaire non à ma capacité mais à la
grandeur de vos vertus & perfections. Mais
ce n'eft pas icy mon deffein de dreffer vn
panegyrique à vos louanges. Ioint que
vous eftes plus content de bien faire que
d'ouïr dire que vous auez bien fait. Si eftes
vous iffu de la plus illuftre & ancienne mai-

son de toutes celles qui iamais ont porté
couronne; & de tant plus, que l'origine & la
defcente eft de mafle en mafle ; né proche
des monts Pyrenées ; efleué dans la guerre
& parmi les trauerfes & aduerfitez ; ayant
heureufement efchappé plufieurs attentats
contre voftre perfonne, dés voftre enfance
mefme: deuenu plus grand & en age d'homme vous auez d'vn courage admirable, re-
poufsé les efforts de vos ennemis ; & comme conduit de la main de Dieu auez efté du
fond de la Guienne amené au Roy deffunt
où par luy mandé de venir pendant le de-
fefpoir de fes affaires, afin que nul autre fi-
non le legitime fucceffeur n'occupaft le fie-
ge royal qui delà en peu de tems s'en alloit
eftre vuide. Eftant venu à la couronne vous
auez attrempé voftre pouuoir & autorité
de clemence & douceur, aimant mieux r'a-
mener vos fujets efloignez de leur deuoir
par bien-faits que par crainte; tellement que
tous vos contraires prindrent en bref telle
creance de vous que delà en auant ils trouuerent plus d'affeurance en voftre mercy &
debonnaireté que de feureté en leurs armes
propres: fe refiouïffans plus de vous voir vi-
ctorjeux qu'ils ne fe fafchoient d'eftre vein-

C iiij

cus de vous, à qui de supplians qu'ils estoiét
ils furent en vn moment rendus amis & fa-
miliers. Aussi leur resta-il vn plus vif ressentiment de leurs fautes passees qu'en vous-
mesme qui estiez offencé,& qui les receuiez
plustost à mercy qu'ils n'auoient loisir de se
repentir & s'humilier. Et pourquoy ne vous
eussent-ils cedé & obey volontairement, à
vous di-je,à qui tout faisoit joug, & de qui
le cours des victoires ne se pouuoit par aucun effort arrester non plus que d'vn tor-
rent? & pourquoy eussent-ils plustost tenté
le hazard d'vne bataille que la clemence du
veinqueur?Car par vostre valeur vous auiez
acquis cet aduentage que Mars ne pouuoit
plus se dire commun ni la Victoire auoir
des ailes. Puis ce bon-heur estoit aidé par
vostre vigilance,trauail infatigable, patience de chaud & de froid; vous accommo-
dant pour vostre boire & vostre manger à
ce qui se trouuoit de hazard selon la com-
modité du teins & du lieu, tousiours aux
tranchées & autres ouurages de vos soldats
& pionniers, ne laissant à marcher ou le
iour ou la nuit soit qu'il plust ou qu'il ge-
last: au reste de si peu de sommeil que vous
dormiez & quand & autant que vous vou-

liez , & fouuent fur vn manteau eftendu à
terre , fans preiudice neantmoins de voftre
fanté: & ainfi par voftre exemple propre(qui
eft l'efpece de commandement la plus a-
greable) vous faifiez garder la difcipline de
la guerre à vos gens , & lors mefme qu'il n'y
auoit dequoy les payer . Chofe rare,& ou
les autres Chefs d'armées fe trouuent ordinairement bien empefchez pour retenir les
foldats en leur deuoir. Par ce bon-heur
vous eftant rendu redoutable à vos ennemis,ils vindrent à croire qu'il fuffifoit à leur
reputation de fe tenir clos & couuerts dans
leurs villes & places fortes , & ne penfoient
auoir moins de gloire en leur fimple defen-
ce que vous de vos victoires. De forte qu'il
ne fe faut eftonner fi apres vous auoir fi
grieuement offencé, ils n'ont voulu laiffer
efchapper l'occafion de la reconciliation
qui leur eftoit offerte par la bonté de Dieu,
pour fe voir d'vne part affurez du retour
certain en vos bonnes graces & d'autre part
en crainte & poffeffion ordinaire d'eftre &
battus & veincus. Mais comme la guerre
vous faifoit terrible à vos ennemis , auffi la
paix vous a fait defirer , mefme de ceux à
qui vous auez pardonné, ayant fait reuiure

les arts & sciences de la paix & par recom-
penses & par franchises & immunitez. Tef-
moin tous ces baftimens fuperbes & edifices admirables qu'en fi peu de temps vous
auez éleué à vne telle hauteur & perfection
qu'ils promettent vne duree pour beaucoup de fiecles à venir: edifices, di-je, enri-
chis de ftatues & peintures d'vn ouurage
tres-exquis & de tapifferies richement ela-
bourees, qui tefmoignent à la pofterité & la
grandeur de voftre efprit & combien vous
auez aimé la paix. Il y a encore dauentage
dequoy nous auons à vous remercier, d'a-
uoir remis les Mufes d'ou la rage de Mars
les auoit déchaffees, & rétably par voftre
autorité l'Vniuerfité de Paris, à laquelle
comme pour enrichiffement vous auez
donné le Sr. Cafaubon lumiere de ce fiecle,
luy ayant commis la garde de voftre biblio-
theque vrayement royale. De forte qu'il
femble que la fuite continuelle de tant de
victoires & trophées n'a pas tant ferui d'vn
degré pour monter à chofes plus grandes,
qu'elle vous a donné de volonté à nourrir
la paix auec nos voifins & à acquerir vn repos aux peuples trauaillez des guerres &
miferes paffees. Continuez donc, S I R E, en

cette belle & genereuse resolution ; & de
plus en plus affermissez cette paix que vous
auez par tant de trauaux & fatigues acquise
à la patrie, en rendant aux loix leur force &
leur autorité, & tenant pour maxime tres-
certaine que les loix font l'ame, le cœur & le
conseil de l'Estat ; & que ni plus ni moins
que les membres sans la vie ne seruent de
rien au corps ; aussi les nerfs, le sang & les
membres de la Republique luy font inuti-
les sans la loy, qui est sa vie. D'ailleurs que
les Iuges & Magistrats font les ministres &
interpretes de la loy; & en vn mot, que nous
sommes tous esclaues des loix afin de pouuoir viure en liberté. En l'esperance donc
du recouurement de cette liberté, S I R E, &
desia commençant à m'en preualoir au beau
milieu de nos desordres & finalement apres
nos troubles appaisez, i'ay entreprins &
continué l'histoire de nostre tems, dont ie
mets maintenant au iour la premiere partie, & la dedie & consacre à V. M. pour plusieurs iustes raisons qui regardent & ma
personne & le sujet que ie traitte. Pour le
premier, certes ie serois ingrat si ie ne me
souuenois qu'ayant receu l'honneur de
mon auancement du feu Roy vostre prede-

cesseur, i'y ay esté continué & accreu par V.
M. D'ailleurs qu'estant assiduellement en
vostre armee & en vostre Court vous m'a-
uez honoré de plusieurs charges & affaires
d'importance, au maniement desquelles
i'aduoüe auoir tiré beaucoup de lumiere &
instruction pour le sujet que ie me suis pro-
posé. Mesmes par la hantise & frequenta-
tion des hommes signalez en sauoir & experience qui estoient vieillis en la Court,
i'ay eu cet auantage de pouuoir examiner à
la regle de la verité ce qui auoit esté par cy
par là escrit & publié des affaires de France
sans nom ou sous vn nom inconnu. C'est à
quoy ie me suis estudié parmi les affaires
publiques tant que i'ay esté à vostre suite, &
iusqu'à ce que le deuoir & necessité de ma
charge m'a reduit à cette cadene du palais.
Car ce n'est ni d'hier ni d'auant hier que i'ay
l'honneur d'estre connu de V. M. Ia sont
vingt & deux ans & plus qu'ayant esté enuoyé en Guienne par le feu Roy auec aucuns de cette Court de parlement, & vous
estant allé trouuer il vous pleut me rece-
uoir auec tant de faueur & bienueillance
que depuis ce tems-là i'ay prins cette creance que les fruits que mon esprit produiroit

quelque iour, bien que de petite valeur, ne
vous seroient point desagreables. Outre
celle-cy il y a encor' vne plus iuste raison de
vous addresser cette Histoire, d'autant
qu'ayant entreprins vn œuure si hazardeux
il m'estoit necessaire de me couurir de vostre nom, faueur & autorité contre les at-
teintes des maluueillans: & auois bien besoin
aussi de vostre iugement exquis, par lequel
vous reglez & disposez les choses qui sont à
faire, afin d'examiner les choses faites. Ie me
tiendray donc au iugement & censure que
vous en ferez, soit que V. M. me commande
de poursuyure & publier le demeurant de
mon Histoire, ou mesme de supprimer cette
premiere partie, laquelle ie n'ay fait imprimer que pour luy faire voir vn eschantillon
de toute la piece. Or ce que V. M. en ordon-
nera me sera comme vn oracle de la bouche
de Dieu: ne faisant doute pour ma part, que
ce qui sera par vous approuué ne sera point
rejetté des autres: & s'il s'en trouue aucuns
ausquels ce que vous aurez trouué bon ne
plaise pas, ce seront ceux ie m'asseure qui es-
leuez aux biens & dignitez à la faueur de la
fortune & sans aucun merite de leur part, &
qui n'ayans oncques rien fait digne de me-

moire, se croyent offencez quand on rap-
porte au vray les choses comme elles sont
faites & passées. Mais comme il me seroit
honteux & preiudiciable à ma reputation
de seruir à leurs appetis déraisonnables, aussi feroy-je tort à ma conscience de passer
sous silence les fautes de telles gens le plus
souuent suyuies du dommage & ruïne de
l'Estat. Il me faut maintenant finir ma Preface par cette priere. Grand Dieu auteur de
tout bien, vn en trois personnes, qui auec
ton fils vnique & le S. Esprit en puissance,
sagesse & bonté as esté & seras tousiours en
toutes choses; qui par ta prouidence dispo-
ses & regis tous gouuernemens legitimes,
sans lesquels ni maison, ni ville, ni nation, ni
le genre humain, ni la nature mesme par
toy de rien creée ne pourroit subsister: te
supplie humblement par cette oraison publique, que ce que tu as donné de meilleur
à la France voire à toute la Chrestienté, tu
le nous rendes propre & particulier, le fa-
uorisant de tes saintes graces & benedi-
ctions; auec ottroy d'vne durée perpetuel-
le: accomplis & exauces ce vœu que ie te
fay & qui en peu de paroles comprend toutes mes demandes: qui est que tu gardes le

Roy & le Dauphin ; puis que de leur con-
seruation depend la paix , la concorde , la
seureté , & en vn mot , le bien de cet Estat,
voire tout ce qui nous peut estre de plus
desirable. Consequemment donne à nostre
Roy prudence & bon conseil pour gouuer-
ner le royaume qu'il a garenti luy-mesme
de ruine,tant que ce ieune arbre prenant accroissement aux riues d'vn beau fleuue
vienne à s'estendre à vne telle grandeur &
beauté qu'vn iour il face ombre, c'est à dire
donne à nos neueus & suyuans vn repos
bien assuré pour cultiuer & embellir les arts
& exercices de la paix, & releuer l'estude de
pieté & des bonnes lettres. Permets leur de
regner longuement ensemble sur les François : ordre de succession à la verité le plus
agreable aux bons peres & aux bons en-
fans que par leur autorité l'ancienne foy &
religion , les bonnes meurs , les louables
coustumes de nos ancestres , & les loix de
l'Estat soient en fin restablies:tous monstres
de nouuelles sectes,toutes religions feintes,
& tout ce qui est inuenté auec artifice & par
l'oisiueté pour tromper & abuser les esprits
demeure esteint & supprimé : le schisme le-
ué,la paix rendue à la maison de Dieu,le re-

pos à nos consciences & la seureté à l'Estat.
Et pour fin , ô Dieu tout bon & tout puis-
sant , ie te supplie que par la grace de ton
saint Esprit, sans lequel nous ne sommes &
ne pouuons rien, qu'en tout ce que cy apres
ie diray, ma franchise, rondeur, loyauté, verité soit connue des viuans & encore de
ceux qui viendront apres nous; & que mon
discours soit aussi esloigné du soupçon de
flaterie & d'enuie , comme i'aduoüe fran-
chement de n'en auoir eu sujet aucun.

FIN.

PRIVILEGE DV ROY.

HENRY par la grace de Dieu, Roy de France & de Nauarre,
Au Preuost de Paris, ou son Lieutenant, & à tous nos autres Iu-
sticiers & officiers qu'il appartiendra, Salut : Nostre bien amé Pierre
le Bret, Libraire de nostredite ville, nous a fait remonstrer qu'il auroit
recouuert la Preface de l'Histoire Latine faite par le Sieur President
de Thou, traduite en Francois par le Sr. de V. H. qu'il desireroit faire
imprimer & mettre en lumiere, mais il craindroit qu'autre que luy se
voulsissent ingerer de ce faire, le frustrant par ce moyen de sa peine &
trauail, s'il ne luy estoit par nous pourueu. A CES-CAVSES,
Inclinant à la supplication dudit le Bret, & qu'il ne soit frustré de son
trauail & peine : Audict le Bret auons permis & permettons, qu'il
puisse imprimer & exposer en vente ladite Preface , sans souffrir ne
permettre qu'autres que ledict le Bret la puisse imprimer, vendre, ne
debiter, si ce n'est du consentement dudict le Bret, à peine de confisca-
tion de ce qu'il trouuerroit imprimé, & d'amede arbitraire: Car tel est
nostre plaisir. Donné à Paris, le 12. iour de Mars, l'An de grace mil six
cens quatre: & de nostre regne le quinziesme.

PAR LE CONSEIL,

PERROT.